AF205078

À plus !
Nouvelle édition

1

Cahier de vacances
Das Ferienheft

Vokabeltrainer-App

*Verfügbar für: iOS, Android
und Windows Phone*

À plus! 1
Cahier de vacances

im Auftrag des Verlages erarbeitet von Catherine Jorißen
Projektleitung: Julia Goltz
Redaktion Französisch: Anne Lapanouse

Illustrationen: Laurent Lalo
Umschlaggestaltung: werkstatt für gebrauchsgrafik, Berlin
Layout und technische Umsetzung: graphitecture book & edition
Hörtexte-Produktion: Euro-DVD Paris

Bildquelle: © Fotolia / Dar1930: S. 10 (unten); © Fotolia / Sergii Figurnyi, S. 10 (oben); © Fotolia / Mellow10: S. 31; © Fotolia / Studio Gi: S. 39

www.cornelsen.de

1. Auflage, 2. Druck 2024

Alle Drucke dieser Auflage sind inhaltlich unverändert
und können im Unterricht nebeneinander verwendet werden.

© 2024 Cornelsen Verlag GmbH, Mecklenburgische Str. 53, 14197 Berlin

Das Werk und seine Teile sind urheberrechtlich geschützt.
Jede Nutzung in anderen als den gesetzlich zugelassenen Fällen
bedarf der vorherigen schriftlichen Einwilligung des Verlages.
Hinweis zu den §§ 46, 52 a UrhG: Weder das Werk noch seine Teile dürfen
ohne eine solche Einwilligung eingescannt und in ein Netzwerk eingestellt
oder sonst öffentlich zugänglich gemacht werden.
Dies gilt auch für Intranets von Schulen und anderen Bildungseinrichtungen.
Der Anbieter behält sich eine Nutzung der Inhalte für Text- und Data-Mining im Sinne § 44 b
UrhG ausdrücklich vor.

Druck: Athesiadruck GmbH

PEFC-zertifiziert
Dieses Produkt
stammt aus
nachhaltig
bewirtschafteten
Wäldern und
kontrollierten Quellen
PEFC
PEFC/18-31-166   www.pefc.de

Inhaltsverzeichnis

Du kannst dir die Hörtexte im Internet anhören und downladen.
Gehe dazu auf www.cornelsen.de/webcodes und gib den Webcode ein,
den du bei der Übung findest, zum Beispiel FH1_5_6.

Alle Lösungen findest du hinten im Heft.

1 Alma et ses copains. Entziffere diese Botschaft mit Hilfe eines Spiegels und finde heraus, wer wer ist. Schreibe die Namen auf.

> Salut! Je m'appelle Alma. J'ai un chien. Il s'appelle Jojo. Quand je fais de la guitare, il chante, il est trop drôle!
> J'aime les vacances et mes amis, Paul, David et Hannah. Paul, c'est aussi mon cousin. On est toujours ensemble! Il fait du foot avec David. David, c'est le frère de Hannah. J'adore Hannah et on rigole bien ensemble! J'ai aussi une super copine à Stuttgart. Elle s'appelle Sara.

....

....

....

....

....

2 Salut! Paul und Alma haben eine Geheimsprache entwickelt. Kannst du den Code knacken? Schreibe die Lösung auf.

♦ S [1] l [21] t , ç [1] v [1] ?

....

★ S [21] p [5] r!

....

♦ T [21] [1] s l [5] t [5] m p s , [1] [21] j [15] [21] r d ' h [21] [9] ?

....

★ B [15] f , j [5] v [1] [9] s [1] [21] s t [1] d [5] [1] d [5] [21] x h [5] [21] r [5] s. [9] l [25] [1] [21] n m [1] t c h d [5] f [15] [15] t.

....

....

● T〔21〕 v〔5〕〔21〕x p〔1〕ss〔5〕r ch〔5〕z m〔15〕〔9〕 〔1〕pr〔5〕s?

....

★ Ç〔1〕 m〔1〕rch〔5〕!

....

● 〔1〕l〔15〕rs, s〔1〕l〔21〕t!

....

★ S〔1〕l〔21〕t!

....

3 **C'est qui?** Paul stellt Alma Fragen über Sara. Welche Antwort passt zu welcher Frage? Notiere den passenden Buchstaben in das jeweilige Kästchen.

1 – C'est qui? ☐

2 – Elle est dans ta classe? ☐

3 – Elle habite où? ☐

4 – Elle a quel âge? ☐

5 – Est-ce qu'elle est en vacances aussi? ☐

6 – Quand est-ce qu'elle arrive? ☐

Les Docks d'été, c'est comme Paris-Plages, mais à Strasbourg!

7 – Combien de jours est-ce qu'elle reste? ☐

8 – Qu'est-ce que vous allez faire? ☐

9 – Pourquoi est-ce que vous n'allez pas aux Docks d'été? ☐

a À Stuttgart.   b Je ne sais pas encore.   c C'est ma copine Sara!   d Trois jours.
e Non, elle va au collège en Allemagne!   f Bonne idée!   g Vendredi soir.
h Elle a 13 ans.   i Oui, et elle va passer à Strasbourg.

4 On joue?

Finde die 16 Formen der Verben auf *-er* in der Liste und schreibe die passenden Personalpronomen auf. Du kannst das Raster von links nach rechts und von oben nach unten lesen. Die Buchstaben, die übrig bleiben, ergeben einen Satz.

Die sechs Personal-
endungen lauten
-e, -es, -e, -ons,
-ez, -ent.

.... aime													.... jouez

| .... aime |
| .... chante |
| .... chattez |
| .... cherchent |
| .... détestes |
| .... écoutons |
| .... fermons |
| .... habitent |

q	d	u	j	r	e	g	a	r	d	e	s
p	é	c	o	u	t	o	n	s	a	n	c
r	t	d	u	o	n	c	h	e	r	r	h
é	e	c	e	a	i	m	e	c	h	i	a
f	s	h	z	e	b	i	e	n	o	g	t
è	t	a	f	e	r	m	o	n	s	o	t
r	e	n	t	r	e	s	p	a	r	l	e
e	s	t	r	a	v	a	i	l	l	e	z
c	h	e	r	c	h	e	n	t	n	n	t
r	o	u	h	a	b	i	t	e	n	t	v
t	é	l	é	p	h	o	n	o	n	s	e

| .... jouez |
| .... parle |
| .... préfère |
| .... regardes |
| .... rentres |
| .... rigolent |
| .... téléphonons |
| .... travaillez |

Lösungssatz: ....

...., ...

5 Qui fait quoi?

Hör zu. Welcher Satz passt zu welchem Bild? Schreibe die Buchstaben auf. (▶ cornelsen.de/webcodes FH1_6_5)

6 **Être, aller ou avoir?**   Kreuze die richtige Antwort an und schreibe die Infinitivform des Verbs auf.

1. Où ? mes bédés?   ☐ est ☐ êtes ☐ sont   → ....
2. Tu ? quel âge?   ☐ a ☐ as ☐ ai   → ....
3. Nous ? faim.   ☐ avons ☐ allons ☐ sommes   → ....
4. On ? de Strasbourg.   ☐ ai ☐ est ☐ es   → ....
5. Vous ? où?   ☐ avez ☐ aller ☐ allez   → ....
6. Tu ? en cinquième?   ☐ es ☐ est ☐ ai   → ....
7. Ils ? un tas de copains.   ☐ sont ☐ ont ☐ vont   → ....
8. Elles ? à la plage à vélo.   ☐ vont ☐ sont ☐ allons   → ....

7 **Qu'est-ce qu'ils vont faire?**   Heute ist schönes Wetter. Erzähle, was Alma und Paul vorhaben.

Ils vont....................................
....

....
....

....
....

....
....

....
....

....
....

8 Les verbes déguisés   Kannst du die Verbformen herausfinden?

1. on achète ....

2. il préfère ....

3. nous répétons ....

4. je répète ....

5. vous préférez ....

6. je vais acheter ....

7. ils répètent ....

8. tu préfères ....

9. acheter ....

10. répéter ....

9 Ça coûte combien?   Hör zu, was der Verkäufer Paul sagt, dann schreibe die Preise
auf die Preisschilder.   (▶ cornelsen.de/webcodes FH1_8_9)

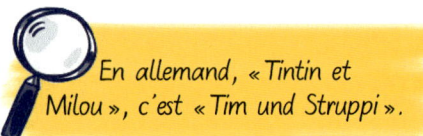

En allemand, «Tintin et
Milou», c'est «Tim und Struppi».

10 **On fait des maths!** Alma liebt es, Zahlenfolgen zu begreifen. Notiere, was du hörst. Schreibe die Zahlen in Ziffern. Kannst du die sogenannte Fibonacci*-Folge jetzt verstehen? (▶ cornelsen.de/webcodes FH1_9_10)

$$2 + 2 = 4$$
Deux _plus_ deux
égalent quatre.

1, 1 + 1 = 2, ...

....

1 1 2 3 5 8 13 21

* Fibonacci war ein italienischer Mathematiker des 13. Jh.

11 **Le cadre magique** Schau dir das Bild gut an und finde die richtigen Lösungen. Schreibe die Zahlen in Ziffern und als Zahlwörter.

1. Compte les bougies. ....

2. Est-ce qu'il y a quatorze stylos? ....

3. Combien de soleils est-ce qu'il y a? ....

4. Compte les bonbons. ....

5. Compte les fraises. ....

6. Entoure le cœur*!

* **entoure le cœur** kreise das Herz ein

12 E, é, è ou ê? Was sagen Alma und Paul? Hör zu und ergänze die Akzente, da wo sie fehlen. (▶ cornelsen.de/webcodes FH1_10_12)

Paul: Alma, qu'est-ce qu'on fait, cet apres-midi? On va au musee du chocolat?

Alma: Il est ferme. On va au cine?

Paul: Bof! Je prefere regarder des bedes.

Alma: J'ai une idee: On fait une balade avec Jojo derriere le college! Paul, tu m'ecoutes ou tu reves?

Paul: Je t'ecoute! On fait une balade pres d'ici et apres, on regarde la tele, d'accord?

Alma: Ça marche! Ferme la fenetre, et moi, je cherche les cles ... Ah, elles sont sur l'eta-gere! ... Qu'est-ce que tu fais, Jojo? Tu manges le pâte?! Tu m'enerves!

13 Les cartes de Hannah Hannah verbringt Zeit in Marseille. Lies ihre Postkarten und errate, welche Karte für ihre Großmutter und welche für Alma ist.

1

Chère ....,

Je passe mes vacances à Marseille chez ma copine, Lise. Elle a 12 ans comme moi. J'adore sa famille. Il fait beau. Nous allons au musée et nous faisons des balades avec sa famille. C'est super!

Grosses Bises, Hannah

2

salut ....,

Mes vacances à Marseille sont géniales! Ma copine Lise est fan de musique comme moi. J'adore sa famille et ses copains. Il fait chaud. On va à la plage et on fait des balades à vélo avec ses copains. Ils sont super!

Bisous, Hannah

Test

Es-tu observateur/observatrice[1]? Mache den Test! Kreuze eine Antwort pro Frage an. Dann lies das Ergebnis auf Seite 41.

1 Où sont tes clés?

★ ☐ Dans mon sac[2], comme toujours.
✺ ☐ Sur mon bureau, à côté de l'ordinateur.
✿ ☐ Hum … Je ne sais pas.

2 Ton gâteau d'anniversaire, c'était[3]:

✿ ☐ un gâteau du supermarché.
★ ☐ des muffins, le cadeau de mes copains.
✺ ☐ un gâteau au chocolat avec mon nom et mon âge en sucre.

3 Ta sœur a une raie de côté[4] …

★ ☐ à droite … euh … non, à gauche!
✺ ☐ Elle n'a pas de raie de côté.
✿ ☐ Attendez, je l'appelle.

4 Sur un téléphone, deux chiffres n'ont pas de lettres. Réponds sans regarder!

★ ☐ 1 et 2.
✺ ☐ 1 et 0.
✿ ☐ 5 et 7.

5 Quel âge a ton prof de maths?

✺ ☐ Dans les 45 ans comme mon père, il a un fils de mon âge.
✿ ☐ Je vais demander à mes copains de classe.
★ ☐ L'âge de mon grand-père?

6 Quand tu fermes un robinet d'eau[5], tu le tournes:

✿ ☐ Alors là, bonne question!
✺ ☐ Vers la droite.
★ ☐ Vers … euh … la gauche.

1 **un observateur / une observatrice** ein (guter) / eine (gute) Beobachter/in
2 **le sac** die Tasche
3 **c'était** das war
4 **la raie de côté** der Seitenscheitel
5 **le robinet d'eau** der Wasserhahn

Chez moi

1 a La chambre de Paul. Finde die 13 Nomen wieder und vervollständige, was Paul sagt.

> Dans ma bchream ...., il y a un mhaca .... Il n'y a
>
> pas d'egétaèr .... et il n'y pas d'remaroi .... non
>
> plus! Je n'aime pas ça. Alors, il y a un tas d'affaires* sur mon tli ....
>
> et sur la caihse ....! Sur la opert..........................., il y a un psoter
>
> .... de football. Devant la êfreent ...., il y a une
>
> noceclltio .... de figurines et un ocin .... uqumsie
>
> ....! Mes perruches sont à côté du ueabur ....

* un tas d'affaires viele Sachen

b Schau dir nun Pauls Zimmer an und kreuze die sieben Irrtümer an.

2 L'appartement de Paul   Hör zu und füll diesen Wohnungsgrundriss mit den entsprechenden Nomen aus. Schreibe sie mit dem bestimmten Artikel auf.

(▶ cornelsen.de/webcodes FH1_13_2)

* au fond am Ende (räumlich)

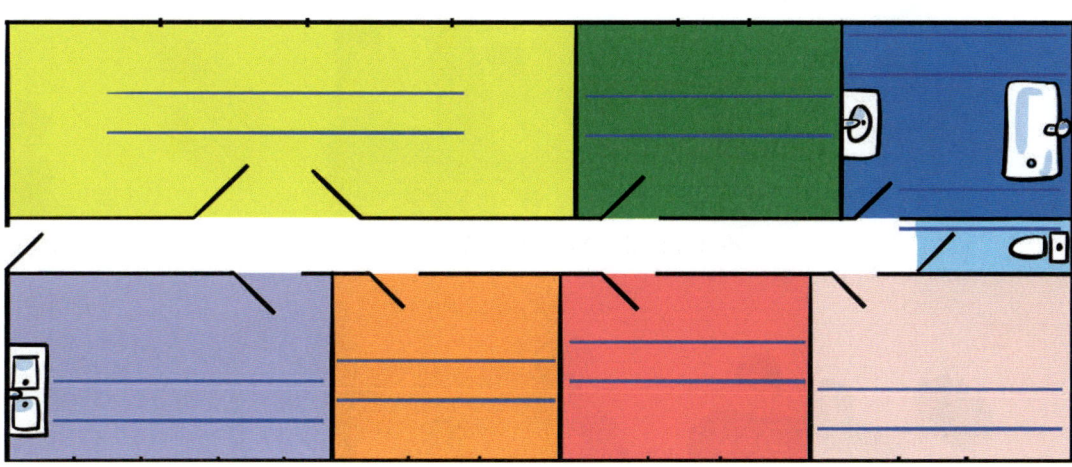

3 Il est où?   David sucht immer seinen Hamster. Kannst du ihm helfen?

dans – sur – sous – devant – derrière – entre

Le hamster est ....
....

....
....

....
....

....
....

....
....

....
....

4 **Qui est-ce qui parle?** Wer spricht? Schreibe den passenden Buchstaben in das jeweilige Kästchen. Es bleibt ein Bild übrig!

a Ferme la porte, s'il te plaît.   b Regardez là-bas! Il y a un lapin.

c Mange ton taboulé!   d Faites vos lits, s'il vous plaît.

e Allez à la boulangerie, on n'a plus de pain.

Erfinde einen Satz für das Bild, das übrig geblieben ist.

....

BLAGUE

Toto en vacances...

Papa, c'est loin l'amérique?

Tais-toi* et nage!

* **tais-toi** sei still!

5 La famille d'Alma Was sagt Alma? Kannst du herausfinden, um wen es sich handelt? Schreibe die Vornamen auf.

Michèle

Christine et François

Luc et Isabelle

Martin et Diane

Aurélie et Julien

C'est moi, Alma

Lucie

Paul

Léo

1. C'est mon arrière-grand-mère. C'est ....

2. Ce sont les parents de mon père. ....

   ....

3. Ce sont les parents de ma mère et de ma tante. ....

4. C'est ma tante et c'est la sœur de ma mère. ....

5. C'est mon oncle et c'est le père de mes cousins. ....

6. C'est mon père. ....

7. C'est le fils de ma tante et le frère de Paul. ....

8. C'est mon cousin et c'est aussi mon ami.

   ....

9. C'est ma mère. ....

10. Et voilà ma sœur! ....

> 🔍 Vor Nomen mit Vokal stehen immer <u>mon</u>, <u>ton</u>, <u>son</u>: mon ami, mon amie.

6 C'est la fête chez Alma Vervollständige die Beschreibung, indem du den Possessiv-begleiter *son, sa, ses, leur* oder *leurs* verwendest.

Lucie fête .... Elle regarde .... Jojo chante

.... L'arrière-grand-mère mange .... Paul et

Léo jouent avec .... Les grands-parents de Lucie apportent

....

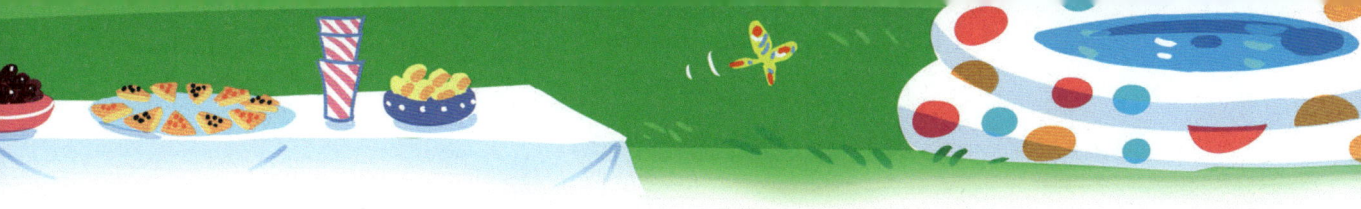

7 Nos amis, les animaux

Wie heißen diese Tiere? Fülle das Raster aus, dann löse den Lösungssatz.

? DEVINETTE

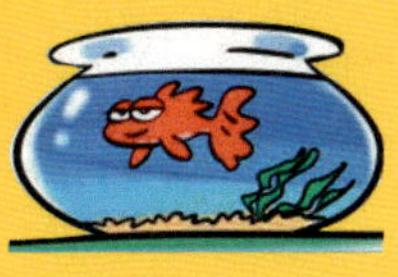

Un poisson rouge peut vivre* (*leben) jusqu'à:

☐ 7 ans ☐ 15 ans ☐ 30 ans.

30 ans.

1

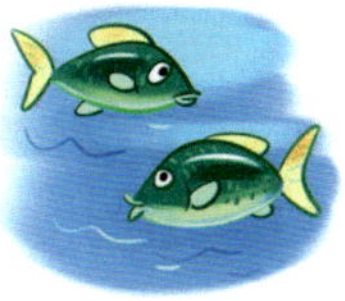

2

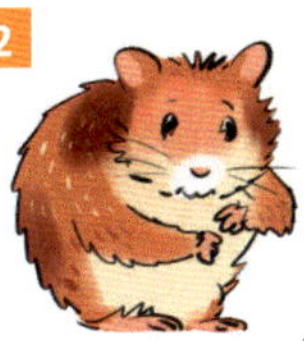

3

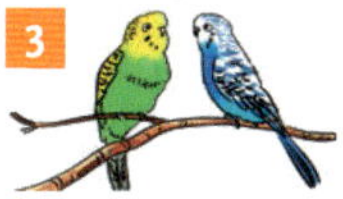

4

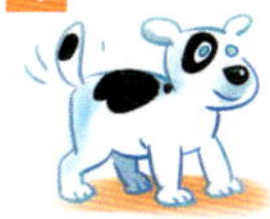

5

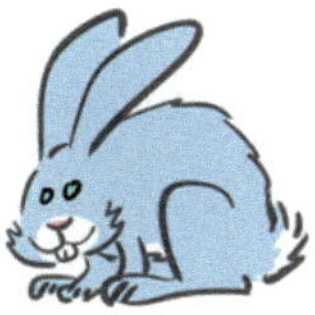

6

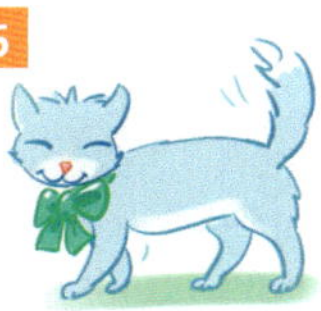

7

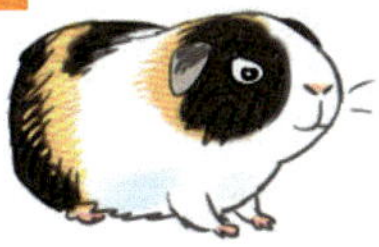

8

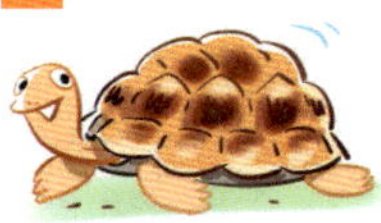

9

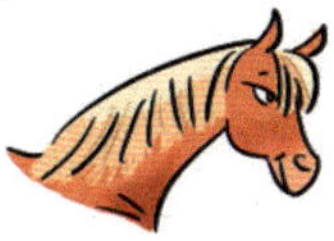

10

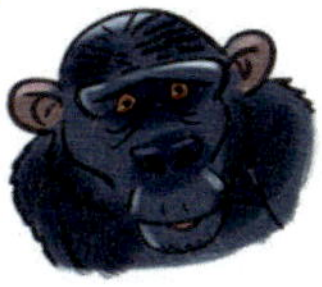

Lösungssatz:

1	2	3		4	5	6	7		8	9	10	11	12
....	....	....		....	....	....	....		....	....	....	....	.........!

8 **Il est super!** Alma beschreibt ihr Haustier, aber sie hat verschlüsselt, was sie sagt. Kannst du den Code knacken?

Mon **bghdm** *chien* .... est **zcnqzakd**

.... Il aime jouer et il est **cqnkd**

.... et **hmsdkkhfdms**

.... Il est **rxloz**

......................................, mais il n'est pas très **sqzmpthkkd**

.... Quand je rentre à la maison, il est

bnmsdms .... parce qu'on va au parc.

bghdm = chien

9 **[ʒ] ou [ʃ]?** Welchen Laut hörst du? Umkreise die [ʒ]-Kästchen rot und die [ʃ]-Kästchen blau. (▶ cornelsen.de/webcodes FH1_18_9)

jouer | chercher | le chien | manger | chanter | génial/e

le singe

[ʒ]

le chat

[ʃ]

le cheval | le jeu | la perruche | le chocolat | joli/e | l'argent

Activité

Qu'est-ce qu'on peut faire quand il ne fait pas beau? Paul erklärt dir, wie du diesen bunten Luftfisch basteln kannst.

Le poisson à air

Il te faut:

Trois ou quatre feuilles de papier de soie[1] de deux couleurs

Deux bords de boîtes à camembert de même taille

20 cm de ficelle

un peu de colle

des agrafes

un stylo correcteur blanc

des ciseaux

1 Mets une feuille de papier de soie sur un bord de boîte à camembert. Agrafe. Mets le 2e bord de boîte à l'autre bout et agrafe.

2 Agrafe la ficelle sur un des bords de boîte. Plie en deux[2] une feuille de papier de soie d'une autre couleur. Colle la feuille sur le cylindre.

3 Plie une autre feuille de papier de soie en deux. Colle la feuille en bout.

4 Découpe des lanières sur la queue[3]. Colle des bandes de papier pour faire les nageoires[4] et les yeux[5]. Décore et dessine les écailles[6] avec le stylo correcteur.

---

1 **le papier de soie** das Seidenpapier
2 **plier en deux** in zwei Hälften falten
3 **la queue** *hier*: die Schwanzflosse
4 **les nageoires** *f*. die Flossen
5 **les yeux** *m*. die Augen
6 **les écailles** *f*. die Fischschuppen

Avec mes copains

1 **On fait un tas de choses!** Errate, was Alma und ihre Freunde tun! Verwende Formen des Verbes *faire*.

1. Moi, je ....

2. Mes copains ....

3. Hannah, tu veux .... ?

4. Hannah et moi, nous ....

5. Paul ....

6. Paul et David, vous .... ?

2 **Et toi, tu préfères quoi?** Schreibe einen kurzen Text, in dem du die vorgegebenen Verben verwendest. Die Wörter im Kästchen können dir helfen.

> adorer   préférer   aimer   détester

> le chocolat – les animaux – ma ville – mes copains/copines – le sport – la musique –
> la lecture – le dessin – les gâteaux – les fruits – les jeux vidéo – mon smartphone

J'aime ....

....

....

....

....

....

....

* RÉBUS

Finde die Wörter und löse das Bilderrätsel.

Jojo / M / lait /la / pain ▶ Jojo aime les lapins.

3 **Qu'est-ce que tu fais demain?** Paul und David wollen etwas zusammen unternehmen. Kannst du ihren Dialog in die richtige Reihenfolge bringen? Nummeriere die Sätze von 1 bis 11.

⚽	☐	Alors, ils sont d'accord?
🛏	☐	Ça marche! Alors, à demain, onze heures!
⚽	☐	Je passe chez toi à onze heures?
🛏	☐	Demain? Je ne sais pas.
⚽	1	Coucou Paul! Qu'est-ce que tu fais demain?
🛏	☐	Super! Et tu veux rentrer à quelle heure?
⚽	☐	Salut, à demain!
🛏	☐	Oui, ils sont d'accord!
⚽	☐	On peut être chez toi vers 19 heures, c'est bon?
🛏	☐	Merci, c'est sympa! Je demande à mes parents ...
⚽	☐	On pourrait aller à la Montagne des singes, je t'invite!

4 L'invitation. Du bist bei Hannah und David. Du möchtest eine kleine Party organisieren. Vervollständige diese Einladung. Du kannst auch etwas zeichnen oder ein Foto aufkleben.

Willst du aus dem Ausland nach Deutschland anrufen? Wähle die 0049 + die folgende Nummer ohne die erste 0 und nach Frankreich die 0033 + die folgende Nummer ohne die erste 0.

Cher/Chère ....

Je t'invite ....
....
....

Quand? ....
....

Où? ....
....

Portable: 00 49 1 ....

Tu peux apporter ....
....

Je compte sur toi!
....

BLAGUE

À l'eau?

5 **Le gâteau au chocolat.** Kannst du dich an das Rezept erinnern? Hör zu und kreuze die richtigen Zutaten an. Hör noch einmal zu, welche Zutaten man braucht, und korrigiere die Mengenangaben. (▶ cornelsen.de/webcodes FH1_23_5)

il faut:
....
200 g de farine
....
10 cl d'huile
....
5 œufs
....
un peu d'eau
....

6 **Qu'est-ce qu'il y a sur la table?** Die beiden Zeichnungen sind nicht identisch. Was stimmt auf dem rechten Bild nicht? Finde die sechs Unterschiede heraus. Verwende *ne … pas de*, *beaucoup de*, *un paquet*, *un kilo … de*.

Sur le dessin 2, ...

....

....

....

....

7 **Un atelier de dessin.** Im Rahmen eines Zeichenworkshops zeichnest du für jeden Wochentag eine Aktivität auf ein T-Shirt. Notiere auch den jeweiligen Wochentag.

> faire du bateau – aller au cinéma – aller à la piscine – faire du vélo –
> faire du camping – jouer aux jeux vidéo – faire des dessins – danser –
> faire de la musique – faire du sport – faire une randonnée – rester au lit –
> retrouver les copains – téléphoner – chatter – aller à la plage

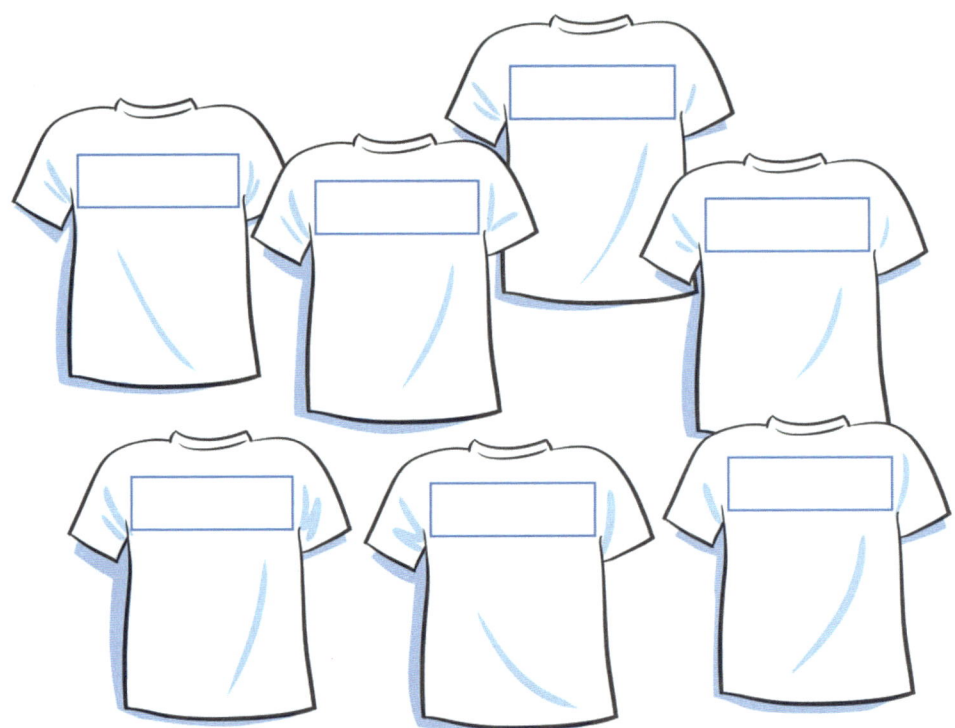

8 **Qu'est-ce qu'il fait?** Hör zu, was Paul erzählt, und berichtige die Sätze. (▶ cornelsen.de/webcodes FH1_24_8)

1. Le dimanche après-midi, je vais chez ma grand-mère.

....

....

2. Dimanche, je vais chez Alma et on fait une balade avec son chien.

....

le mercredi = mittwochs
Le mercredi, je vais au foot.
mercredi = am Mittwoch
Mercredi, je vais à l'anniversaire de David.

9 **Les mois de l'année** Alma und Hannah schauen ihr Horoskop an. Kennst du die Horoskopzeichen? Vervollständige die Daten.

	Bélier du 21 *mars*................ au 19 *avril*................		**Balance** du 23................ au 22................
	Taureau du 20................ au 20................		**Scorpion** du 23................ au 21................
	Gémeaux du 21................ au 20................		**Sagittaire** du 22................ au 21................
	Cancer du 21................ au 22................		**Capricorne** du 22................ au 19................
	Lion du 23................ au 23................		**Verseau** du 20................ au 19................
	Vierge du 24................ au 22................		**Poissons** du 20................ au 20................

10 **Quelle journée!** Alma und Hannah verbringen den Tag zusammen, aber alles läuft schief! Schreibe die Sätze zu Ende. Verwende die Verneinung.

> faire beau – trouver la recette – être à la maison – avoir assez d'argent –
> être bon – aimer qc

1. Elles veulent faire une balade à vélo, mais *il ne fait pas beau*................
2. Elles achètent des biscuits, mais ....
3. Elles veulent faire un gâteau, mais ....
4. Elles écoutent un CD, mais ....
5. Elles vont chez Paul, mais ....
6. Elles veulent aller au cinéma, mais ....

11 Qu'est-ce que c'est? Schau dir die Bilder an und finde heraus, worum es geht.

1. ☐ Paul ne <u>la</u> mange pas: ....

2. ☐ Il ne <u>l'</u>achète pas au supermarché: ....

3. ☐ Il <u>la</u> regarde: ....

4. ☐ Il <u>les</u> mange: ....

5. ☐ Il ne <u>les</u> achète pas au supermarché: ....

6. ☐ Il <u>les</u> regarde: ....

ne
me te le la nous vous les
verbe
pas

12 Il est quelle heure? Hör zu und kreuze die richtige Uhrzeit an.

(▶ cornelsen.de/webcodes FH1_26_12)

1. a ☐ 05:30   b ☐ 06:30   c ☐ 04:30

2. a ☐ 03:45   b ☐ 04:15   c ☐ 04:04

3. a ☐ 06:00   b ☐ 10:00   c ☐ 12:00

4. a ☐ 08:40   b ☐ 19:15   c ☐ 08:45

13 La rencontre. Alma will sich mit Paul treffen. Hör zu und zeichne die Zeiger ein.

(▶ cornelsen.de/webcodes FH1_27_13)

14 L'heure et le temps. Wie sagt man das? Verbinde die Sätze.

Ich komme zu spät. **1**	**a**	Il est trois heures et demie.
Wann fängt das Fest an? **2**	**b**	À midi, je vais à la piscine.
Es ist halb vier. **3**	**c**	Je suis en retard.
Ich arbeite bis 17 Uhr. **4**	**d**	Mes copains arrivent à l'heure.
Meine Freunde kommen pünktlich an. **5**	**e**	Je travaille jusqu'à 17 heures.
Um 12 Uhr gehe ich ins Schwimmbad. **6**	**f**	À quelle heure est-ce que la fête commence?

15 La randonnée. Hör dir den Text an und und zeichne die Bindungen ein.

(▶ cornelsen.de/webcodes FH1_27_15)

David et Hannah font une randonnée près de Strasbourg, à Molsheim, avec leurs amis.

Sara est à Strasbourg pour le week-end. Alors, ils invitent aussi Sara et son frère Niklas.

Niklas a dix ans. Les six amis arrivent là-bas à trois heures. Paul et Alma apportent une

salade de fruits avec deux oranges, trois poires, des fraises et un ananas. Les enfants

jouent, puis ils écoutent des chansons et ils observent les animaux.

16 **L'anniversaire de Paul.** Fülle das Raster aus und du wirst entdecken, welches Geburtstagsgeschenk Paul bekommt.

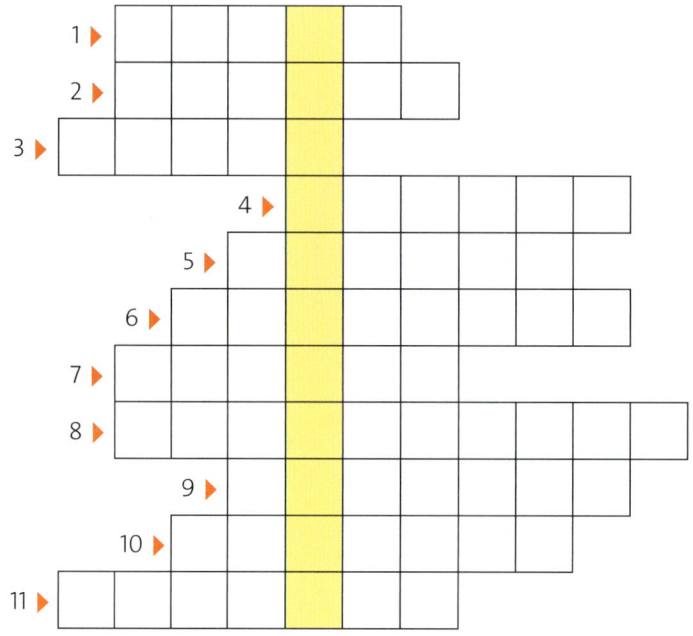

1. Paul et Alma achètent des  et des jus de fruits.

2. Ils vont aussi faire un ❓ au chocolat.

3. Demain, Paul va ❓ son anniversaire!

4. Ses copains achètent un  .

5. Le ❓ est prêt: tout est sur la table.

6. Alma apporte encore des  .

7. Les enfants veulent faire des jeux dans le jardin et 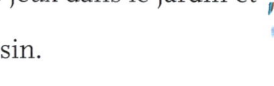 dans la maison.

8. Sur l'  , il y a un dessin.

9. Paul souffle ses ❓ .

10. Les enfants mangent des   .

11. Alma, Hannah et David composent une ❓ pour Paul.

Lösungswort: ....

17 **On fait quoi?** Alma und ihre Freunde wollen etwas unternehmen. Kannst du herausfinden, was sie sagen? Es fehlen alle *a*, *e*, *é*, *è* und *o*.

Alma: J'ai une idée! On fait une balade dans le parc.

David: B____f! C____n'____st p____s tr____s int____r____ss____nt.

Alma: On peut faire une randonnée au lac Blanc?

Paul: N____n, j____ suis c____ntr____.

David: ____h n____n, c'____st l'h____rr____ur! On peut regarder un DVD de Kev Adams chez moi.

Paul: B____nn____ id_____!

Hannah: B____f! Moi, je voudrais faire de l'accrobranche*.

Paul: Tr____p c_____l!

Alma: M____i ____ussi, j____ suis p____ur!

David: B____n, d'____cc____rd!

* **l'accrobranche** *f.* der Waldseilpark

18 **[s] ou [z]?** Welchen Laut hörst du? Umkreise die [s]-Kästchen grün und die [z]-Kästchen blau. (▶ cornelsen.de/webcodes FH1_29_18)

Salut! | la maison | le poisson | la chanson | observer

la danse | Zut! | la cuisine | français | visiter | le cinéma

le biscuit | composer | la musique | la semaine | le garçon

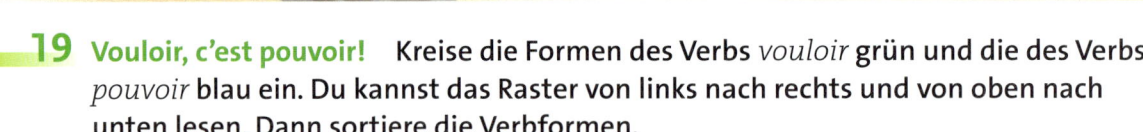

19 Vouloir, c'est pouvoir! Kreise die Formen des Verbs *vouloir* grün und die des Verbs *pouvoir* blau ein. Du kannst das Raster von links nach rechts und von oben nach unten lesen. Dann sortiere die Verbformen.

V	P	E	U	X	I	V	O	U	L	E	N	T
V	O	U	X	V	P	O	U	V	E	Z	E	L
E	U	A	C	P	E	U	X	O	V	E	U	T
U	V	N	V	E	U	L	E	N	T	J	U	G
X	O	P	E	U	V	E	N	T	A	I	S	N
O	N	N	D	T	E	Z	V	E	U	X	A	N
S	S	V	O	U	L	O	N	S	L	E	A	U

	▶ **pouvoir**	▶ **vouloir**
je	....	....
tu	....	....
il/elle/on	....	....
nous	....	....
vous	....	....
ils/elles	....	....

20 Vouloir ou pouvoir Vervollständige die Sätze mit Formen von *pouvoir* oder *vouloir*.

1. Paul et Alma ont une super idée: ils .... aller à la Montagne des singes.

2. Il pleut! Ils ne .... pas aller à la Montagne des singes, alors, ils vont au cinéma.

3. Alma .... aller au Vaisseau parce qu'il y a un atelier sur les animaux.

4. Elle ne .... pas aller à l'atelier parce que le Vaisseau est fermé aujourd'hui.

5. – David, j'ai un problème. Est-ce que tu .... m'aider, s'il te plaît?

6. – Tu ne .... pas m'aider?! Tu n'es pas sympa! Ah, tu rigoles, je préfère ça!

Quiz

Kennst du das Elsass? Kreuze die richtige Antwort an.
Lies die Lösungen auf Seite 46.

1 Der Große Belchen (le Grand Ballon), mit 1424 Meter
der höchste Berg der französischen Vogesen (Vosges), ist:
   a ☐ der kälteste Ort des Elsass.
   b ☐ der kälteste Ort Frankreichs.

2 Mit 276 000 Einwohnern ist Straßburg (Strasbourg):
   a ☐ die zweitgrößte Stadt des Elsass.
   b ☐ die Hauptstadt des Elsass.

3 Das Wahrzeichen des Elsass ist:
   a ☐ der Storch (la cigogne).
   b ☐ der Adler (l'aigle).

4 Die Fußgängerbrücke, die Straßburg und Kehl verbindet, wurde:
   a ☐ von Marc Rive erbaut.
   b ☐ von Marc Mimram erbaut.

5 Das Automobilmuseum befindet sich:
   a ☐ in Straßburg.
   b ☐ in Mülhausen (Mulhouse).

6 Das Wahrzeichen von Straßburg ist:
   a ☐ das Europäische Parlament (le Parlement européen).
   b ☐ das Straßburger Münster (la cathédrale de Strasbourg).

7 Das historische Viertel von Straßburg mit seinen mittelalterlichen Häusern heißt:
   a ☐ La Petite France.
   b ☐ Le Quartier allemand.

8 Der erste europäische Kulturkanal „Arte" wurde:
   a ☐ 1991 in Colmar gegründet.
   b ☐ 1992 in Straßburg gegründet.

9 „La choucroute garnie" ist eine elsässische Spezialität, die:
   a ☐ aus Sauerkraut, Würstchen und gepökeltem Fleisch besteht.
   b ☐ aus Sauerkraut und Kartoffeln besteht.

10 Im Museum „Le Vaisseau" kann man:
   a ☐ alles über die Geschichte der Schokolade erfahren.
   b ☐ spielerisch und interaktiv Wissenschaft und Technik entdecken.

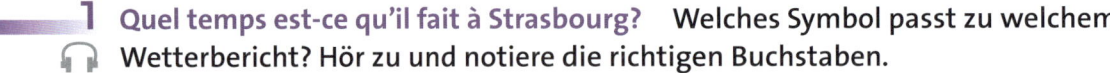

On fait un tas de trucs

1 **Quel temps est-ce qu'il fait à Strasbourg?** Welches Symbol passt zu welchem Wetterbericht? Hör zu und notiere die richtigen Buchstaben.
(▶ cornelsen.de/webcodes FH1_32_1)

> «Il fait un temps de chien.» Qu'est-ce que ça veut dire en allemand?
>
> ....
> ....

2 **Une balade en ville** Was machen Paul und Alma heute? Hör zu und nummeriere die Kästchen von 1 bis 8 in der richtigen Reihenfolge des Tagesablaufs. (Zwei Kästchen bleiben übrig.) (▶ cornelsen.de/webcodes FH1_32_2)

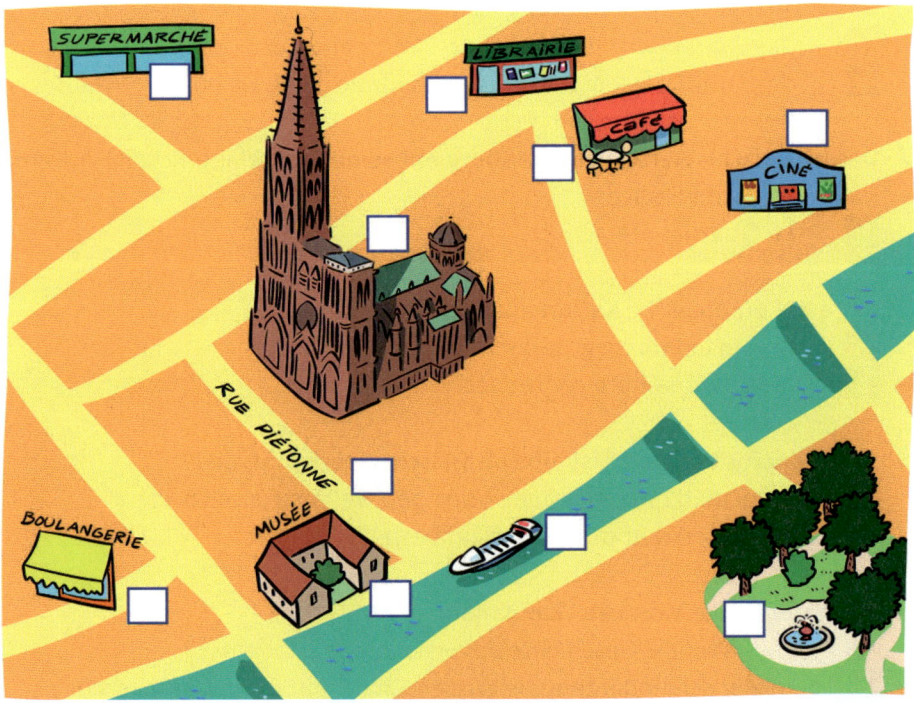

3 **Où est David?** Findest du heraus, wo David ist?

> à + le = au
> à + les = aux

1

Il est ....

....

2

....

....

3

....

....

4

....

....

5

....

....

6

....

....

4 [ã] comme maman, [ɛ̃] comme singe ou [ɔ̃] comme mon? Welchen Laut hörst du?
Kreuze das richtige Feld an. (▶ cornelsen.de/webcodes FH1_33_4)

	1.	2.	3.	4.	5.	6.	7.	8.	9.	10.	11.	12.
ã	☐	☐	☐	☐	☐	☐	☐	☐	☐	☐	☐	☐
ɛ̃	☐	☐	☐	☐	☐	☐	☐	☐	☐	☐	☐	☐
ɔ̃	☐	☐	☐	☐	☐	☐	☐	☐	☐	☐	☐	☐

5 **C'est l'été!** Findest du die 21 Wörter in der Liste? Du kannst das Raster von links nach rechts und von oben nach unten lesen. Die Buchstaben, die übrig bleiben, ergeben den Satz, den Alma liest.

O	N	P	I	S	C	I	N	E	A	T
V	I	S	I	T	E	M	U	S	E	E
I	R	M	C	E	L	C	E	T	T	N
B	A	L	A	D	E	A	L	A	E	T
A	N	S	M	O	N	T	A	G	N	E
T	D	H	P	V	A	H	C	E	A	C
E	O	A	I	A	V	E	L	O	T	N
A	N	M	N	C	E	D	S	A	U	V
U	N	A	G	E	R	R	E	C	R	L
E	E	C	S	P	L	A	G	E	E	C
M	E	R	O	S	O	L	E	I	L	P
A	I	C	H	A	T	E	A	U	N	S

* RÉBUS

Finde die Wörter. Was mag Paul?

J'adore / lait / chat / tôt / ◄ J'adore les châteaux.

balade *f.*	lac *m.*	plage *f.*
bateau *m.*	mer *f.*	randonnée *f.*
camping *m.*	montagne *f.*	soleil *m.*
cathédrale *f.*	musée *m.*	stage *m.*
château *m.*	nager	tente *f.*
été *m.*	nature *f.*	vélo *m.*
hamac *m.*	piscine *f.*	visite *f.*

....

....

....

....!

6 Qui dit quoi? Alle Sprechblasen sind durcheinander geraten! Kannst du sie sortieren? Schreibe die Ziffern in die Kästchen.

1 Mais nous, on préfère rester ici!

2 Eh! Il prend les saucisses*!

3 On veut faire une balade avec vous, d'accord?

4 Qu'est-ce que tu fais?

5 Zut! Qu'est-ce qu'on va manger?

6 Ich bin aus München.

7 Vous voulez des chips?

8 Il dit qu'il est de Munich.

9 Qu'est-ce qu'il dit?!

10 Ouiiiiii!

11 Je joue!

* **la saucisse** die Wurst

7 C'est un endroit où on aime aller! Kannst du erraten, um welche Orte es sich handelt? Die Buchstaben in den nummerierten Kästchen verraten dir die Antwort auf die Frage.

C'est un endroit près de Sélestat où on trouve des animaux en liberté. C'est la montagne des

.....................................?

1. C'est la ville où il y a l'arrivée du Tour de France.

2. C'est un endroit dans les Vosges où on peut faire du VTT et du cheval.

3. C'est une ville à côté de Paris.

4. C'est une ville en Allemagne, près de Strasbourg.

5. C'est une ville au bord de la mer où il y a un vieux port.

6. C'est un lac en France et en Suisse où on peut faire du bateau.

7. C'est une place de Strasbourg dans le centre-ville.

8. C'est un endroit des Pyrénées où la nature est très jolie.

8 Retour au collège Alma stellt dir ihre Schule vor. Kannst du vervollständigen, was sie sagt? Schau dir das Bild an und schreibe die Nomen mit dem bestimmten Artikel auf.

1. Pendant la récréation, nous jouons dans ....

2. Voilà .... Ils sont sympas.

3. Ici, c'est ....

4. Voilà .... C'est mon endroit

   préféré!

5. Et voilà .... On mange bien ici!

6. Là, ce sont .... des filles.

7. Voilà ....

8. Là, c'est .... où on fait nos devoirs ...

9. Voilà .... où on peut surfer sur Internet.

10. Là, c'est .... de la 6ᵉ B.

Le gymnase, c'est «die Turnhalle» en allemand!

9 **À l'école** In diesem Klassenzimmer stimmt einiges nicht. Schau dir das Bild an und notiere die acht Gegenstände, die es zu jener Zeit noch nicht gegeben hat. Verwende den bestimmten Artikel.

....

....

....

10 **Il prend le bateau en entrée?!** Ordne die markierten Nomen den passenden Sätzen zu.

1. Je prends le bateau en entrée. *le pâté* ....

2. Alma et Paul prennent les animaux de vacances. ....

3. Ils entendent la salade de fruits dans la rue. ....

4. Tu comprends des photos de Paul? ....

5. Vous entendez ma cousine dans le parc? ....

6. On attend le pâté devant le ciné. ....

7. Vous prenez la musique comme dessert? ....

8. Ils attendent le problème près du pont. ....

Activité

Qu'est-ce qu'on peut faire quand il fait beau? Probiere Almas Rezept für ein köstliches Fruchteis aus! Du brauchst dafür keine Eismaschine.

Le sorbet à la fraise

Il te faut:
- 500 g de fraises (Il n'y a pas de fraises? Alors, tu peux prendre 500g de poires ou un ananas, par exemple.)
- 80 g de sucre
- 20 cl d'eau
- le jus d'un citron

Fais fondre le sucre dans l'eau.

Lave et prépare les fruits.

Mixe les fruits avec le jus de citron.

Ajoute le sirop (sucre fondu).

Mets le sorbet au congélateur.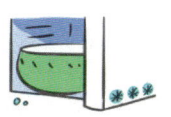

Fouette le sorbet une fois par heure pendant une minute puis remets la préparation au congélateur. Fais cela quatre ou cinq fois.

Bon appétit!

> Le sorbet, c'est trop bon quand il fait chaud!

> Le sorbet, c'est toujours bon!

Desserts

Lösungen: Bonjour, ça va?, p. 4

1

Alma et Jojo

Paul

David et Hannah

Sara

2
– Salut, ça va?

– Super!

– Tu as le temps, aujourd'hui?

– Bof, je vais au stade à deux heures. Il y a un match de foot.

– Tu veux passer chez moi après?

– Ça marche!

– Alors, salut!

– Salut!

3 1 c – 2 e – 3 a – 4 h – 5 i – 6 g – 7 d – 8 b – 9 f

4

q	d	u	j	r	e	g	a	r	d	e	s
p	é	c	o	u	t	o	n	s	a	n	c
r	t	d	u	o	n	c	h	e	r	r	h
é	e	c	e	a	i	m	e	c	h	i	a
f	s	h	z	e	b	i	e	n	o	g	t
è	t	a	f	e	r	m	o	n	s	o	t
r	e	n	t	r	e	s	p	a	r	l	e
e	s	t	r	a	v	a	i	l	l	e	z
c	h	e	r	c	h	e	n	t	n	n	t
r	o	u	h	a	b	i	t	e	n	t	v
t	é	l	é	p	h	o	n	o	n	s	e

j'/il/elle/on aime
je/il/elle/on chante
vous chattez
ils/elles cherchent
tu détestes
nous écoutons
nous fermons
ils/elles habitent
vous jouez
je/il/elle/on parle
je/il/elle/on préfère
tu regardes
tu rentres
ils/elles rigolent
nous téléphonons
vous travaillez

Lösungssatz: Quand on cherche bien, on trouve.

5 1 f – 2 h – 3 b – 4 g – 5 c – 6 d – 7 a – 8 e

6
1. sont (être)
2. as (avoir)
3. avons (avoir)
4. est (être)
5. allez (aller)
6. es (être)
7. ont (avoir)
8. vont (aller)

7 1. Ils vont faire du vélo. – 2. Ils vont aller à la piscine. – 3. Ils ne vont pas aller au cinéma. – 4. Ils ne vont pas regarder la télé. / Ils ne vont pas rester à la maison. – 5. Ils vont visiter la ville. / Ils vont faire une balade. – 6. Ils vont faire une balade en bateau.

8
1. on achète
2. il préfère
3. nous répétons
4. je répète
5. vous préférez
6. je vais acheter
7. ils répètent
8. tu préfères
9. acheter
10. répéter

9

10 Die Fibonacci-Folge ist eine unendliche Folge von Zahlen (den Fibonacci-Zahlen), bei der die Summe zweier benachbarter Zahlen die unmittelbar folgende Zahl ergibt: $1 - 1 - 2 - 3 - 5 - 8 - 13 - ...$
Um die nächstfolgende Zahl zu errechnen muss man die zwei vorangehenden addieren: $1+1=2, 1+2=3,$
$2+3=5, 3+5=8, 5+8=13, 8+13=21, 13+21=34, 21+34=55, 34+55=89$

11
1. 12 / douze bougies
2. 8 / huit stylos
3. 10 / dix soleils
4. 18 / dix-huit bonbons
5. 16 / seize fraises
6. Das Herz ist oben rechts.

12 **Paul:** Alma, qu'est-ce qu'on fait, cet après-midi? On va au musée du chocolat?
Alma: Il est fermé. On va au ciné?
Paul: Bof! Je préfère regarder des bédés.
Alma: J'ai une idée: On fait une balade avec Jojo derrière le collège! Paul, tu m'écoutes ou tu rêves?
Paul: Je t'écoute! On fait une balade près d'ici et après, on regarde la télé, d'accord?
Alma: Ça marche! Ferme la fenêtre, et moi, je cherche les clés ... Ah, elles sont sur l'étagère! ... Qu'est-ce que tu fais, Jojo? Tu manges le pâté?! Tu m'énerves!

13 1. Chère Mamie ... – 2. Salut Alma ...

TEST Tes résultats: Tu as quatre 🌀 et plus: Bravo! Tu vois tout[1] Mais attention, toi aussi, tu peux te tromper[2]. Tu as quatre ⭐ et plus: Tu ne vois pas tout, mais pour toi, ce n'est pas très important. Tu préfères écouter les gens[3]. Tu as quatre ✦ et plus: Tu t'occupes de toi[4], c'est tout. Le reste n'est pas très intéressant.

1 **tu (ne) vois (pas) tout** du siehst (nicht) alles   2 **tu peux te tromper** du kannst dich irren   3 **les gens** Leute
4 **tu t'occupes de toi** du kümmerst dich um dich

Chez moi, p. 12

1 Dans ma **chambre**, il y a un **hamac**. Il n'y a pas d'**étagère** et il n'y pas d'**armoire** non plus! Je n'aime pas ça. Alors, il y a un tas d'affaires sur mon **lit** et sur la **chaise**! Sur la **porte**, il y a un **poster** de football. Devant la **fenêtre**, il y a une **collection** de figurines et un **coin musique**! Mes perruches sont à côté du **bureau**.

2

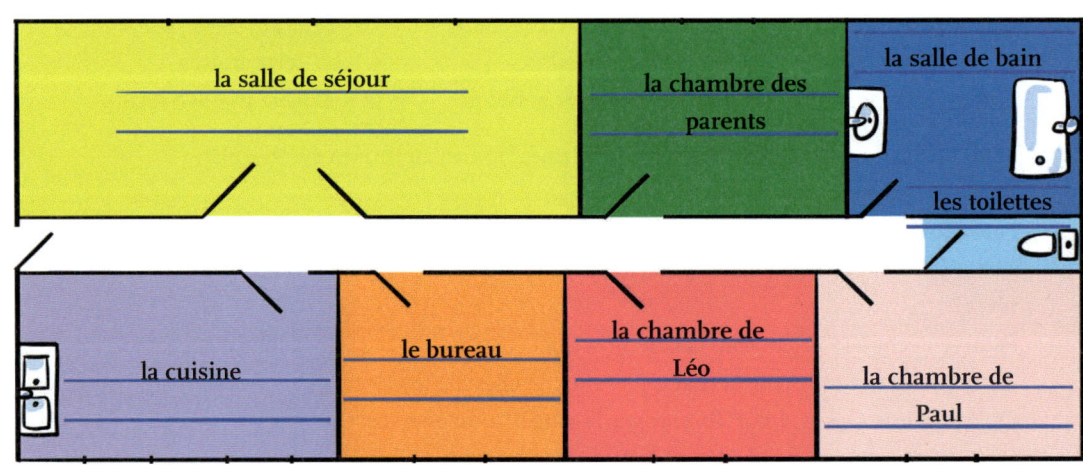

3 1. Le hamster est dans l'armoire. – 2. Il est sur l'étagère. – 3. Il est sous le bureau. – 4. Il est devant la fenêtre. – 5. Il est derrière la figurine. – 6. Il est entre le globe et la collection de pierres.

4 1 e – 2 b – 3 c – 4 Jouez avec moi! – 5 d – 6 a

5 1. C'est Michèle. – 2. Ce sont Christine et François. – 3. Ce sont Luc et Isabelle. – 4. C'est Aurélie. – 5. C'est Julien. – 6. C'est Martin. – 7. C'est Léo. – 8. C'est Paul. – 9. C'est Diane. – 10. C'est Lucie!

6 Lucie fête **son anniversaire**. Elle regarde **ses cadeaux**. Jojo chante **sa chanson**. L'arrière-grand-mère mange **son gâteau**. Paul et Léo jouent avec **leur cousine**. Les grands-parents de Lucie apportent **leurs cadeaux**.

7

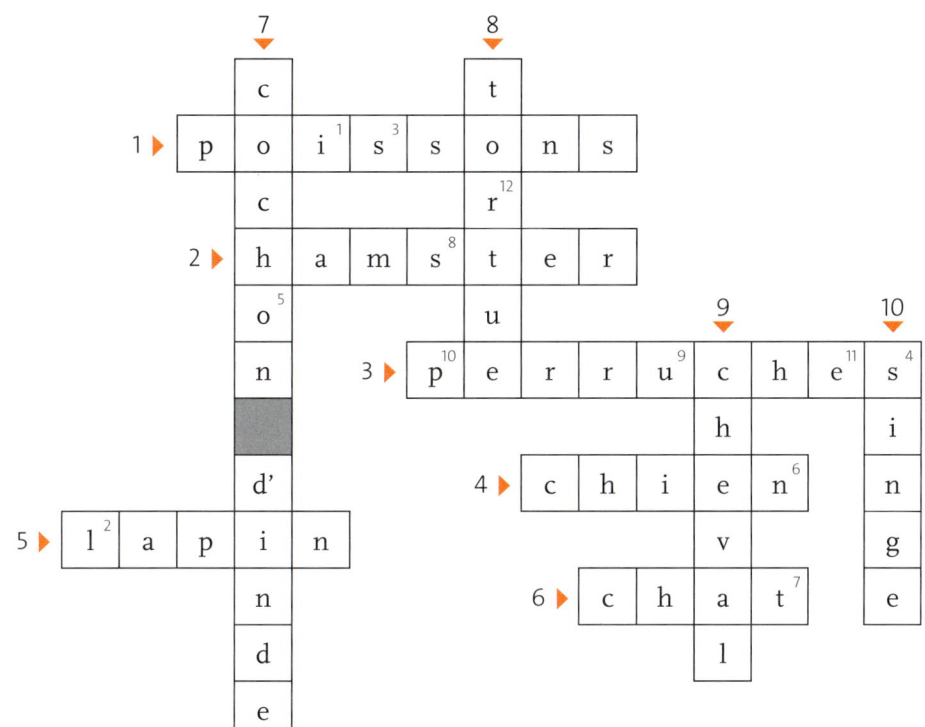

Lösungssatz: Ils sont super!

8 Mon chien est **adorable**. Il aime jouer et il est **drôle** et **intelligent**. Il est sympa, mais il n'est pas très **tranquille**. Quand je rentre à la maison, il est **content** parce qu'on va au parc.

9 [ʃ]: chercher – le chien – chanter – le cheval – la perruche – le chocolat
[ʒ]: jouer – manger – génial/e – le jeu – joli/e – l'argent

Avec mes copains, p. 20

1 1. Moi, je fais de la guitare. – 2. Mes copains font du foot. – 3. Hannah, tu veux faire du théâtre? – 4. Hannah et moi, nous faisons de la danse. – 5. Paul fait des percussions. – 6. Paul et David, vous faites de l'aviron?

Hilfe: je fais – tu fais – il/elle/on fait – nous faisons – vous faites – ils/elles font

2 **Lösungsbeispiel:** J'aime le chocolat, les gâteaux et les bonbons. J'adore les animaux. J'aime mes copains. J'aime la lecture, mais je préfère le dessin. J'aime la musique, mais je n'aime pas trop le rap. J'aime bien les fruits, mais je déteste les pommes. J'adore mon smartphone!

3 5 – 10 – 7 – 2 – 1 – 8 – 11 – 6 – 9 – 4 – 3

4 **Lösungsbeispiel:** Cher Max,

Je t'invite à ma fête d'été

Quand? Vendredi 12 juillet, de 15 heures à 21 heures!

Où? 14, rue de Paris

Portable: 00 49 (ton numéro de portable sans le 0)

Tu peux apporter des CD et des jeux.

Je compte sur toi! Anton

5

Il faut:
100 g de farine, 10 cl de lait,
4 œufs et un peu de sel.

6 Sur le dessin 2, il n'y a pas de beurre, il y a un paquet de sucre, il y a 1 kg / beaucoup de tomates, il y a beaucoup d'œufs, il n'y a pas de bananes et il n'y a pas de chips non plus.

7 **Hilfe:** lundi – mardi – mercredi – jeudi – vendredi – samedi – dimanche – faire du bateau segeln – aller au cinéma ins Kino gehen – aller à la piscine ins Schwimmbad gehen – faire du vélo Fahrrad fahren – faire du camping zelten– jouer aux jeux vidéo Videospiele spielen – faire des dessins malen/zeichnen – danser tanzen – faire de la musique Musik spielen – faire du sport Sport treiben – faire une randonnée wandern – rester au lit im Bett bleiben – retrouver les copains die Freunde treffen – téléphoner telefonieren – chatter chatten – aller à la plage zum Strand gehen

8 1. Le dimanche après-midi, je vais chez Alma et on fait une balade avec son chien ou je fais du foot avec David.

2. Dimanche, je vais chez ma grand-mère.

9 Bélier du 21 **mars** au 19 **avril**
Taureau du 20 **avril** au 20 **mai**
Gémeaux du 21 **mai** au 20 **juin**
Cancer du 21 **juin** au 22 **juillet**
Lion du 23 **juillet** au 23 **août**
Vierge du 24 **août** au 22 **septembre**

Balance du 23 **septembre** au 22 **octobre**
Scorpion du 23 **octobre** au 21 **novembre**
Sagittaire du 22 **novembre** au 21 **décembre**
Capricorne du 22 **décembre** au 19 **janvier**
Verseau du 20 **janvier** au 19 **février**
Poissons du 20 **février** au 20 **mars**

10
1. Elles veulent faire une balade à vélo, mais il ne fait pas beau.
2. Elles achètent des biscuits, mais ils ne sont pas bons. / elles ne les aiment pas.
3. Elles veulent faire un gâteau, mais elles ne trouvent plus/pas la recette.
4. Elles écoutent un CD, mais elles ne l'aiment pas. / il n'est pas bon.
5. Elles vont chez Paul, mais il n'est pas à la maison.
6. Elles veulent aller au cinéma, mais elles n'ont pas assez d'argent.

11 1. e la salade – 2. b le pain – 3. f la tortue – 4. a les spaghettis – 5. d les fruits – 6. c les perruches

12 1 a – 2 b – 3 b – 4 c

13

14 1 c – 2 f – 3 a – 4 e – 5 d – 6 b

15 David et Hannah font une randonnée près de Strasbourg, à Molsheim avec leurs amis. Sara est à Strasbourg pour le week-end. Alors, ils invitent aussi Sara et son frère Niklas. Niklas a dix ans. Les six amis arrivent là-bas à trois heures. Paul et Alma apportent une salade de fruits avec deux oranges, trois poires, des fraises et un ananas. Les enfants jouent, puis ils écoutent des chansons et ils observent les animaux.

16

1 ▶	c	h	i	**p**	s			
2 ▶	g	â	t	**e**	a	u		
3 ▶ f	ê	t	**e**	r				
4 ▶			**c**	a	d	e	a	u
5 ▶		b	**u**	f	f	e	t	
6 ▶	b	i	**s**	c	u	i	t	s
7 ▶ d	a	n	**s**	e	r			
8 ▶ i	n	v	**i**	t	a	t	i	o	n
9 ▶	b	o	**u**	g	i	e	s	
10 ▶	b	o	**n**	b	o	n	s	
11 ▶ c	h	a	**n**	s	o	n		

Lösungswort: percussions

17 **Alma:** J'ai une idée! On fait une balade dans le parc.

David: Bof! Ce n'est pas très intéressant.

Alma: On peut faire une randonnée au lac Blanc?

Paul: Non, je suis contre.

David: Oh non, c'est l'horreur! On peut regarder un DVD de Kev Adams chez moi.

Paul: Bonne idée!

Hannah: Bof! Moi, je voudrais faire de l'accrobranche.

Paul: Trop cool!

Alma: Moi aussi, je suis pour!

David: Bon, d'accord!

18 [s]: Salut! – le poisson – la chanson – observer – la danse – français – le cinéma – le biscuit – la semaine – le garçon

[z]: la maison – Zut! – la cuisine – visiter– composer – la musique

19

V	P	E	U	X	I	V	O	U	L	E	N	T
V	O	U	X	V	P	O	U	V	E	Z	E	L
E	U	A	C	P	E	U	X	O	V	E	U	T
U	V	N	V	E	U	L	E	N	T	J	U	G
X	O	P	E	U	V	E	N	T	A	I	S	N
O	N	N	D	T	E	Z	V	E	U	X	A	N
S	S	V	O	U	L	O	N	S	L	E	A	U

pouvoir: je peux – tu peux – il/elle/on peut – nous pouvons – vous pouvez – ils/elles peuvent

vouloir: je veux – tu veux – il/elle/on veut – nous voulons – vous voulez – ils/elles veulent

20 1. Paul et Alma ont une super idée: ils **veulent** aller à la Montagne des singes. – 2. Il pleut! Ils ne **peuvent** pas aller à la Montagne des singes, alors, ils vont au cinéma. – 3. Alma **veut** aller au Vaisseau parce qu'il y a un atelier sur les animaux. – 4. Elle ne **peut** pas aller à l'atelier parce que le Vaisseau est fermé aujourd'hui. – 5. – David, j'ai un problème. Est-ce que tu **peux** m'aider, s'il te plaît? – 6. – Tu ne **veux** pas m'aider?! Tu n'es pas sympa! Ah, tu rigoles, je préfère ça!

QUIZ 1 a – 2 b – 3 a – 4 b – 5 b – 6 b – 7 a – 8 b – 9 a – 10 b

On fait un tas de trucs, p. 32

1 1 c – 2 d – 3 a – 4 b

2

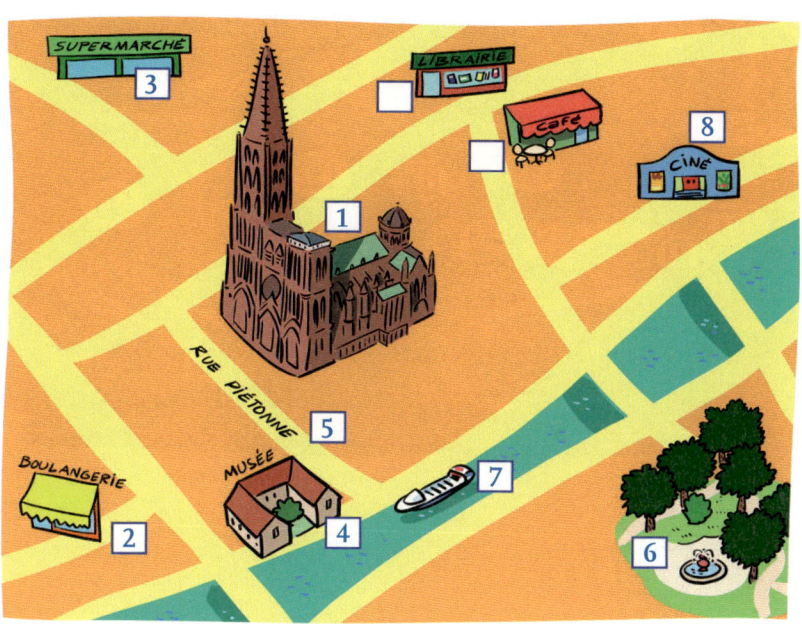

3
1. Il est au bar à jus de fruits.
2. Il est aux toilettes.
3. Il est au stade.
4. Il est à la piscine.
5. Il est au cinéma.
6. Il est à la librairie.

4

	1.	2.	3.	4.	5.	6.	7.	8.	9.	10.	11.	12.
ã	X			X		X		X				
ɛ̃			X		X				X			X
ɔ̃		X					X			X	X	

5

O	N	P	I	S	C	I	N	E	A	T
V	I	S	I	T	E	M	U	S	E	E
I	R	M	C	E	L	C	E	T	T	N
B	A	L	A	D	E	A	L	A	E	T
A	N	S	M	O	N	T	A	G	N	E
T	D	H	P	V	A	H	C	E	A	C
E	O	A	I	A	V	E	L	O	T	N
A	N	M	N	C	E	D	S	A	U	V
U	N	A	G	E	R	R	E	C	R	L
E	E	C	S	P	L	A	G	E	E	C
M	E	R	O	S	O	L	E	I	L	P
A	I	C	H	A	T	E	A	U	N	S

Lösungssatz: On aime les vacances avec les copains.

6

7

Crossword puzzle:

1. ▶ P a r i s¹
L (down from 6)
2. ▶ G⁴ a r v a n i² e
c
3. ▶ L e v a l l o i s
L
é
m
a
n³
4. ▶ K e h l
l
e⁵
b
e
5. ▶ M a r s⁶ e i l l e

(Column 8 down): L a c ... B l a n c

Lösungswort: singes

8 1. la cour – 2. les surveillants – 3. l'infirmerie – 4. le gymnase – 5. la cantine – 6. les toilettes –
7. la salle des profs – 8. la permanence – 9. le CDI – 10. la classe

9 les crayons de couleur, le portable, le stylo, le CD, l'ordinateur, la BD, la minichaîne, le classeur

10 1. Je prends **le pâté** en entrée. – 2. Alma et Paul prennent **des photos** de vacances. – 3. Ils entendent
la musique dans la rue. – 4. Tu comprends **le problème** de Paul? – 5. Vous entendez **les animaux**
dans le parc? – 6. On attend **ma cousine** devant le ciné. – 7. Vous prenez **la salade de fruits** comme
dessert? – 8. Ils attendent **le bateau** près du pont.